UN MOT AUX PARENTS

Lorsque votre enfant est prêt à aborder le domaine de la lecture, le *choix* des livres est aussi important que le choix des aliments que vous lui préparez tous les jours.

La série **JE SAIS LIRE** comporte des histoires très captivantes et instructives, agrémentées de nombreuses illustrations en couleurs, rendant ainsi l'apprentissage de la lecture plus agréable, plus amusant et plus en mesure d'éveiller l'intérêt de l'enfant. Un point à retenir : les livres de cette collection offrent *trois niveaux* de lecture, de façon que l'enfant puisse progresser à son propre rythme.

Le **NIVEAU 1** (préscolaire à 1re année) utilise un vocabulaire extrêmement simple, à la portée des très jeunes. Le **NIVEAU 2** (1re - 3e année) comporte un texte un peu plus long et un peu plus difficile. Le **NIVEAU 3** (2e - 3e année) s'adresse à ceux qui ont acquis une certaine facilité à lire. Ces critères ne sont établis qu'à titre de guide, car certains enfants passent d'une étape à l'autre beaucoup plus rapidement que d'autres. En somme, notre seul objectif est d'aider l'enfant à s'initier progressivement au monde merveilleux de la lecture.

La momie de
Toutankhamon
perdue...
et retrouvée

Texte de Judy Donnelly
Illustrations de James Watling
Traduit de l'anglais par
Claudine Azoulay

Niveau 3

EH **Héritage jeunesse**

1
Le pharaon* est mort

«Toutankhamon est mort! Le jeune pharaon est mort!» La nouvelle se répand dans toute l'Égypte. Toutankhamon n'avait que dix-huit ans. Son épouse et sa famille sont très tristes de le perdre, mais les Égyptiens sont contents pour leur roi.

Ils croient que son esprit va voyager vers un lieu merveilleux le Royaume des Morts.

Dans ce paradis, le pharaon fera tout ce qu'il aimait faire de son vivant. Il organisera des banquets et jouera à des jeux. Il ira à la chasse et à la pêche. Son esprit sera à tout jamais heureux.

* Un pharaon est un ancien roi égyptien.

Toutankhamon aura besoin de beaucoup de choses au Royaume des Morts. Il lui faudra de la nourriture, des meubles et des vêtements. Il aura également besoin de jeux et de bijoux. On enterrera donc tous ces objets avec lui.

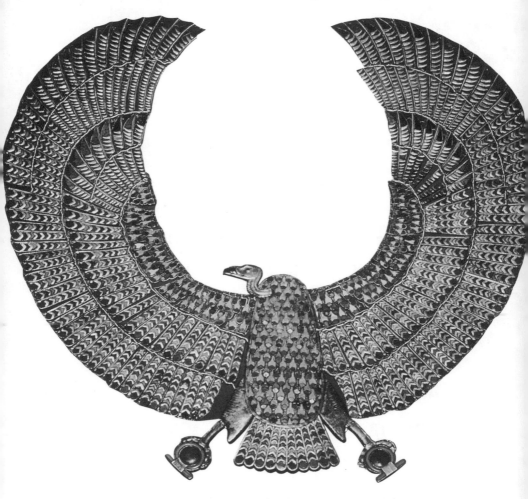

Collier en or ayant appartenu au pharaon

Table de jeu enterrée avec le pharaon

Ce dont il aura besoin surtout, c'est de son corps. Les Égyptiens croient qu'un esprit ne peut pas vivre sans son corps. Ils doivent donc sécher les cadavres pour qu'ils se conservent éternellement. Ils les momifient.

Des prêtres se rendent au palais. Ils récitent des prières pour le roi. Puis ils font sécher son corps à l'aide d'un sel spécial qu'on appelle du natron. Cette opération dure des jours et des jours. Ils enveloppent ensuite la momie dans des mètres de fine toile. On place plus d'une centaine de bijoux et d'amulettes entre les couches d'étoffe. Ces amulettes éloigneront du pharaon les mauvais esprits.

Il faut soixante-dix jours pour faire une momie. Une fois qu'elle est prête, les funérailles ont lieu. Il est temps pour l'esprit du pharaon de voyager vers le Royaume des Morts.

On doit placer la momie de Toutankhamon dans un endroit très sûr. À une certaine époque, les rois égyptiens étaient enterrés dans des pyramides géantes. Mais les voleurs les pillaient

toutes. Ils volaient tous les trésors.
Toutankhamon sera donc enterré dans une
tombe souterraine, tenue secrète.

Les obsèques du pharaon
commencent. Un long cortège se dirige
vers le Nil. Le cercueil en or brille de
mille feux au soleil.

La jeune reine marche à ses côtés en
priant à haute voix.

Les Égyptiens croient que certains dieux sont représentés par des animaux. Il y a donc des prêtres revêtus de peaux de léopards et d'autres qui ont des masques d'animaux. Ils chantent et récitent des prières. Un prêtre porte un masque de chacal. Il représente Anubis, le dieu des momies.

Les femmes pleurent et déchirent leurs vêtements. C'est leur manière à elles de montrer leur chagrin.

Des centaines de serviteurs défilent. Ils portent le trésor du pharaon : coffres pleins de vêtements et de bijoux, armes et chars, paniers de fleurs, de nourriture et de vin.

Les serviteurs apportent également des centaines de statuettes. Elles sont censées se transformer en serviteurs magiques au Royaume des Morts. Elles y serviront le roi.

De magnifiques bateaux transportent les gens et le trésor sur le fleuve. Ils se dirigent vers une vallée déserte et rocheuse.

On place le cercueil du pharaon sur un traîneau que l'on tire sur un chemin montant et rocailleux.

Les gens suivent le cercueil. Il fait chaud. La poussière vole de toutes parts. Ils marchent ainsi pendant des kilomètres. Et ils arrivent enfin à l'entrée secrète de la vallée. C'est ici que se trouve le tombeau royal. Des prêtres le gardent jour et nuit.

On a creusé l'entrée à même le roc. Un feu brûle à l'intérieur. Voici la tombe secrète de Toutankhamon.

Les prêtres prient encore. Ils touchent la bouche, les yeux et les oreilles de la momie. L'esprit du pharaon peut désormais parler, voir et entendre.

La momie est replacée dans le cercueil et transportée à l'intérieur de la tombe. Et avec elle, le trésor du roi.

Un grand banquet funèbre commence.
On joue de la musique et on danse. On
mange et on boit du vin.

Une fois la fête terminée, on bouche
l'entrée de la tombe avec des pierres. Elle
est ainsi cachée à la vue. Les pilleurs ne
la trouveront peut-être pas.

Chacun rentre chez soi. Tout le
monde est heureux. Le pharaon va
commencer une nouvelle vie.

2
Le pharaon oublié

Il s'écoule plus de trois mille ans. Les pyramides géantes se dressent toujours au milieu du désert, mais les jours glorieux de l'Égypte ont pris fin depuis longtemps.

Des dirigeants venus d'ailleurs ont conquis le pays. Les vieilles croyances ont disparu. On n'enterre plus les pharaons avec leur trésor. On ne fait plus de momies. Le nom de Toutankhamon est tombé dans l'oubli. Sa tombe aussi.

Puis, dans les années 1800, il se produit quelque chose. On s'intéresse de nouveau aux époques anciennes. Des voyageurs viennent en grand nombre en Égypte. Ils visitent les temples et les pyramides. Tous veulent ramener un souvenir de leur voyage : poteries, colliers, statues, momies même.

Certains d'entre eux sont des archéologues. Ce sont des scientifiques qui creusent le sol pour trouver des renseignements sur le passé. Ils s'éloignent du Nil et s'enfoncent dans le désert. Ils se mettent à fouiller le sable.

Ils découvrent des temples oubliés. Ils trouvent de superbes peintures murales et d'étranges statues d'animaux et de dieux.

Les archéologues trouvent des momies, des milliers de momies. D'hommes, de femmes et d'enfants, mais aussi d'animaux, de chats, de taureaux, de crocodiles. Et même des momies d'insectes !

Le rêve de tous les archéologues est de découvrir la tombe d'un roi. Une tombe qui n'a jamais été pillée.

Des scientifiques commencent à explorer une vallée désertique. C'est la Vallée des Rois.

Un homme met au jour une tombe cachée. Elle appartient à un pharaon célèbre. On découvre bientôt des douzaines d'autres tombes.

Mais elles sont toutes vides. Des voleurs les ont pillécs il y a fort longtemps.

Vers 1900, la plupart des gens ont abandonné la vallée. Chaque centimètre carré de sable a été fouillé, disent-ils. Il n'y a pas d'autres tombes.

Ce n'est pas l'avis d'Howard Carter, un archéologue anglais. Il pense qu'un roi est encore enterré dans la vallée : Toutankhamon.

3
Les fouilles

Les autres scientifiques trouvent l'idée d'Howard Carter absurde. La vallée est vide. Ils en sont persuadés.

Mais Howard est têtu. Il est venu en Égypte pour la première fois à l'âge de dix-sept ans. Il a travaillé dans la vallée pendant des années. Il la connaît très bien. Il est convaincu que la tombe de Toutankhamon est ici. Et il a bien l'intention de la trouver.

On a découvert des indices : une coupe, quelques jarres, des feuilles d'or. Et tous ces objets portent le nom de Toutankhamon.

Cependant, on a trouvé ces choses près du tombeau vide d'un autre pharaon. Tout le monde affirme que les Égyptiens n'auraient pas placé deux tombes aussi proches l'une de l'autre.

Lord Carnarvon

Howard n'écoute personne, et la chance est avec lui. Il rencontre un Anglais très riche, lord Carnarvon. Celui-ci donne de l'argent à Howard pour commencer les fouilles.

Howard engage cinquante ouvriers, et il retourne dans la vallée.

Cet endroit est inhospitalier. Aucun arbre, pas la moindre touffe d'herbe. Rien que des rochers et du sable. Il fait une chaleur torride. L'air est sec et poussiéreux. Les rochers ne font pas d'ombre mais ils servent de cachettes idéales aux serpents et aux insectes.

Tous ces inconvénients ne dérangent pas Howard. Il se met à l'ouvrage avec ses ouvriers. C'est un travail long et laborieux. Inlassablement, les hommes remplissent des paniers de cailloux et de sable. Ils vont les vider et les remplissent de nouveau.

Enfin, ils heurtent quelque chose.
Mais ce n'est pas la tombe d'un pharaon.
Ce ne sont que de vieilles huttes en
pierre. Howard est très déçu. Il part
explorer un autre coin de la vallée.

Il fouille ainsi pendant cinq longues
années. Pour trouver quoi? Rien.

Lord Carnarvon finit par en avoir assez ; il veut abandonner. Howard supplie son ami d'essayer une dernière fois.

Il se souvient des huttes en pierre. Il veut creuser en dessous. Personne n'a jamais fouillé cet endroit.

Lord Carnarvon accepte mais c'est la dernière chance qu'il donne à Howard.

Howard s'achète un canari en or pour lui porter bonheur. En novembre 1922, il se remet à creuser avec ses ouvriers.

Le troisième jour, ils mettent au jour une marche ! Taillée à même le roc. Ils en découvrent une autre puis une autre jusqu'à ce qu'ils aient dégagé tout un escalier… qui mène à une porte secrète.

Howard est très excité. Qu'y a-t-il derrière cette porte ? Il n'en oublie pas pour autant lord Carnarvon. Celui-ci est en Angleterre et il aimerait sans doute assister à l'événement.

Howard fait parvenir la grande nouvelle à son ami.

Lord Carnarvon se met tout de suite en route. Il n'y a pas encore beaucoup d'avions en 1922. Il doit prendre un bateau, un train, puis un autre bateau et un autre train, et terminer le trajet à dos d'âne. Le voyage lui prend deux semaines !

Les deux hommes se retrouvent finalement devant la porte secrète. Howard voit des écritures qu'il n'avait pas remarquées auparavant. Et un nom : TOUTANKHAMON !

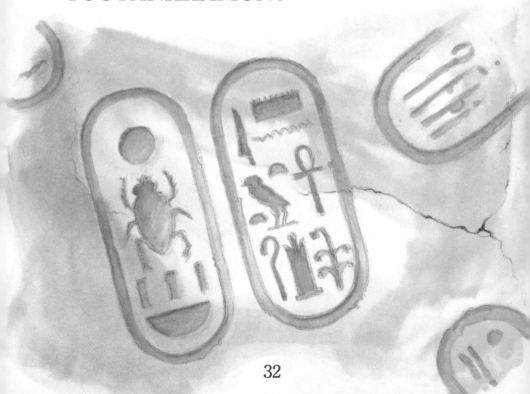

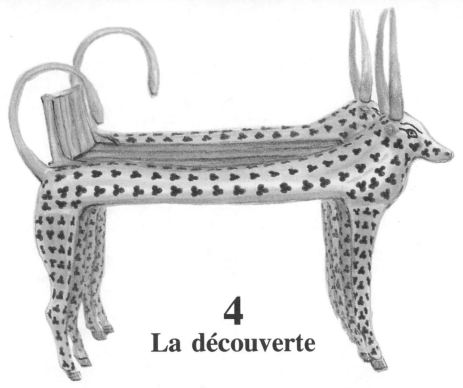

4
La découverte

Avec d'infinies précautions, Howard fait un trou dans la porte. Il éclaire l'ouverture à l'aide d'une bougie. Lord Carnarvon est juste derrière lui.

— Voyez-vous quelque chose? lui demande-t-il.

Howard est incapable de parler. Puis il bredouille:

— Oui, des merveilles.

Il y a des chars dorés, des coffres ornés de pierreries, des lits en forme d'animaux, des vases et des statues. Tout scintille d'or!

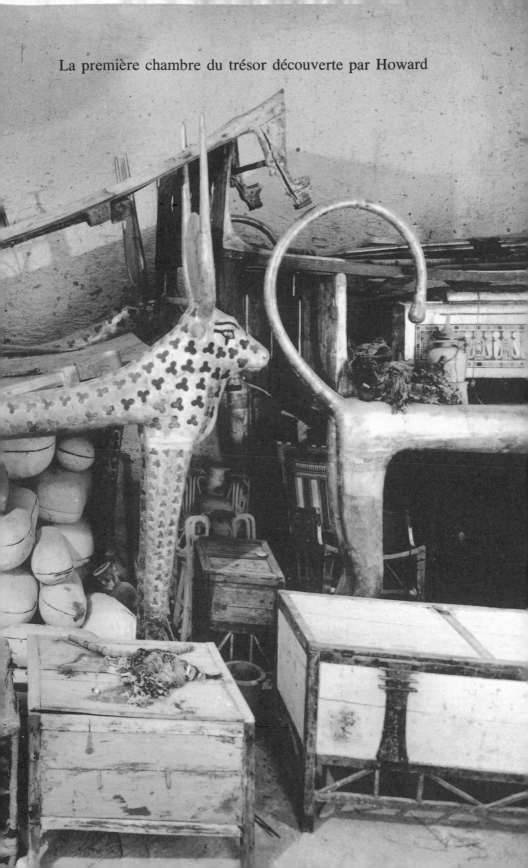

La première chambre du trésor découverte par Howard

Le trône de Toutankhamon

Howard pénètre dans la tombe.

Il a presque peur. L'air embaume encore les fleurs des funérailles. Le temps semble avoir fait marche arrière. Howard a l'impression que le roi vient tout juste d'être enterré.

Il aperçoit deux statues, grandeur nature, représentant le pharaon. Il voit le trône en or de Toutankhamon. Howard est émerveillé. La salle est remplie de richesses. Et il y a d'autres portes. L'une d'elles est scellée. Howard est persuadé que la momie du roi se trouve là, derrière cette porte.

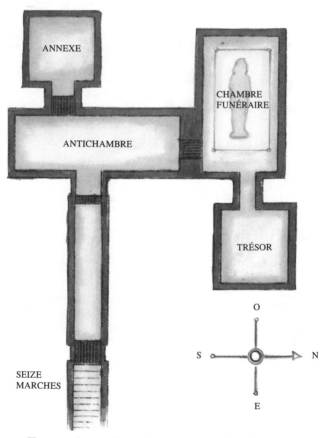

Toutes les salles du tombeau du pharaon

5
Le pharaon sort de l'oubli

Les journaux du monde entier parlent de la découverte de la tombe. C'est le plus grand trésor jamais trouvé.

Howard Carter devient célèbre. Toutankhamon aussi. On entend bientôt son nom partout, à la radio, dans les films, et même dans des chansons et des blagues. Tout le monde se met à la mode égyptienne, vêtements, bijoux, etc.

Howard veut ouvrir la porte scellée tout de suite. Mais il faut d'abord enlever des centaines de trésors. Et on doit le faire avec de grandes précautions. Howard en sait quelque chose. Un jour, comme il touchait un collier de perles, le fil est tombé en poussière. Howard a dû ramasser les perles une par une avec une pince à épiler. Il y en avait 371 !

Il faut des mois pour vider la tombe. Howard est enfin prêt à trouver la momie du pharaon.

Prudemment, il ouvre la porte scellée. Au début, il ne voit qu'un mur d'or. C'est un énorme meuble en or. À l'intérieur du meuble, se trouve un coffre en pierre, et à l'intérieur du coffre, il y a TROIS superbes cercueils qui s'emboîtent parfaitement les uns dans les autres. L'illustration ci-dessous montre comment était disposé le tout.

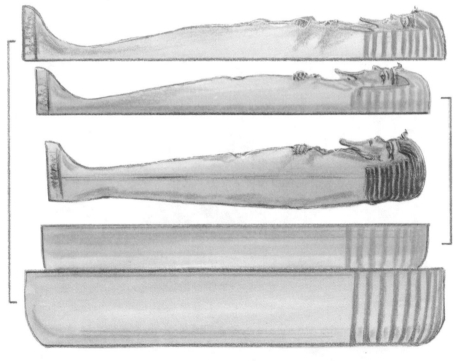

Le dernier cercueil est fait d'or
massif. Près de cent kilogrammes d'or.

Howard retire délicatement les clous en or. C'est un grand moment. Jusqu'à ce jour, Toutankhamon n'était qu'un nom pour lui. Mais maintenant, il a vu le visage du roi sur des statues et des

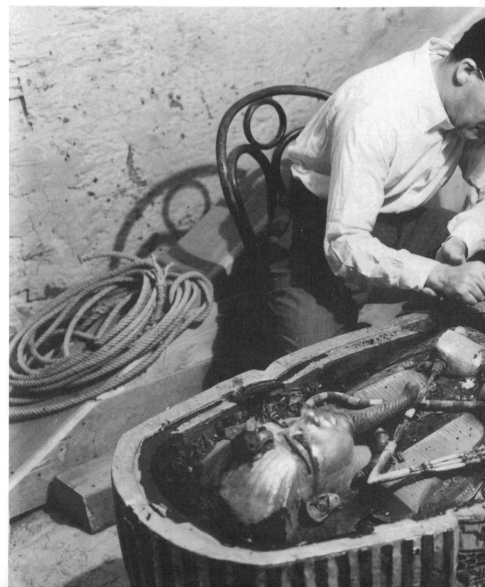

Howard examine le troisième cercueil

sculptures. Il a touché les biens les plus précieux du pharaon. Ses vêtements et ses sandales. Ses jeux. La chaise sur laquelle, enfant, il s'assoyait.

Howard soulève le couvercle d'or. La momie du roi est bien là. Elle porte un magnifique masque d'or. Sous le masque, la momie est recouverte de toile. Howard enlève doucement les bandelettes. Pour la première fois, il découvre la tête du pharaon mort. C'est le visage d'un jeune homme à l'air paisible.

Howard a du mal à comprendre pourquoi, encore aujourd'hui, les gens craignent la momie du pharaon. Ils croient qu'elle a des pouvoirs magiques.

Cette croyance est due au fait que lord Carnarvon meurt peu de temps après avoir pénétré dans la tombe. Il est mort d'une piqûre d'insecte, mais les journaux prétendent qu'il a été victime de la malédiction de la momie. Ils déclarent que Toutankhamon est furieux que l'on ait ouvert son tombeau. Et qu'il s'est vengé de lord Carnarvon.

Howard ne croit pas que les momies ont des pouvoirs magiques. Après tout, c'est lui qui a ouvert la tombe, pas lord Carnarvon. Et il ne lui est rien arrivé de fâcheux. Howard va même vivre encore de nombreuses années.

Howard envoie les trésors de Toutankhamon à un musée. Il veut que les scientifiques les étudient. Il souhaite que des millions de gens aient le plaisir de contempler toutes ces merveilles.

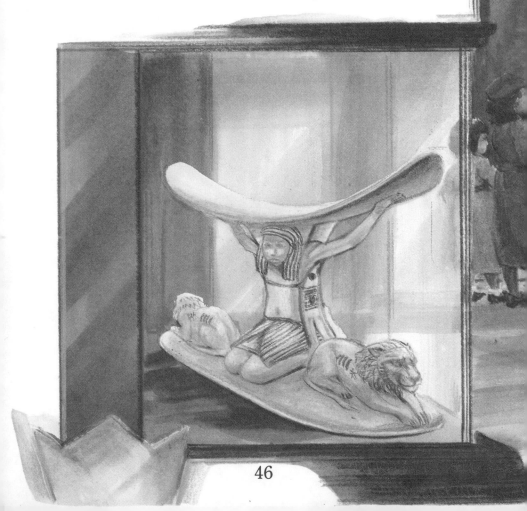

Selon lui, cependant, il n'y a qu'une seule place pour Toutankhamon. Le pharaon doit retourner là où il a reposé pendant 3 300 ans. Il doit rester dans sa tombe royale.

Certains estiment que l'on ne trouvera jamais plus d'autre tombeau royal en Égypte. D'autres ne partagent pas cet avis. Ils fouillent, encore de nos jours, la Vallée des Rois.

Il y a au moins une tombe royale qui n'a jamais été découverte : celle du père de Toutankhamon.